PSALMS

Wisconsin Poetry Series

Sean Bishop and Jesse Lee Kercheval, series editors

Ronald Wallace, founding series editor

PSALMS

JULIA FIEDORCZUK

TRANSLATED BY BILL JOHNSTON

The University of Wisconsin Press

The University of Wisconsin Press
728 State Street, Suite 443
Madison, Wisconsin 53706
uwpress.wisc.edu

Gray's Inn House, 127 Clerkenwell Road
London EC1R 5DB, United Kingdom
eurospanbookstore.com

Printed in the United States of America
This book may be available in a digital edition.

Library of Congress Cataloging-in-Publication Data

Names: Fiedorczuk, Julia, author. | Johnston, Bill, 1960- translator.
Title: Psalms / Julia Fiedorczuk; translated by Bill Johnston.
Other titles: Psalmy. English | Wisconsin poetry series.
Description: Madison, Wisconsin: The University of Wisconsin
    Press, 2023. | Series: Wisconsin poetry series
Identifiers: LCCN 2023014985 | ISBN 9780299346942
    (paperback)
Subjects: LCGFT: Poetry.
Classification: LCC PG7206.I35 P7413 2023 | DDC 809.1/9775—
    dc23/eng/20230725
LC record available at https://lccn.loc.gov/2023014985

Jagodzie

To Jagoda

Błogosławiony bądź, Nikt.
Dla ciebie pragniemy
Kwitnąć.
—Paul Celan, "Psalm," tłum. Ryszard Krynicki

Drzewa umierają, a ten sen wciąż trwa
        Nie jest miłością, ale miłość wypływa z niego
        ex animo
        ergo nie może znaleźć upodobania w sobie
        a tylko w miłości, która z niego wypływa.
—Ezra Pound, "Pieśń XC," tłum. Kuba Kozioł

Przeżyję w tobie, żebyś się nie bała.
—Mirka Szychowiak

Praised be your name, no one.
For your sake we shall flower.

—Paul Celan, "Psalm," trans. Michael Hamburger

Trees die & the dream remains
                    Not love but that love flows from it
                    ex animo
                    & cannot ergo delight in itself
                    but only in the love flowing from it.

—Ezra Pound, Canto XC

I will survive in you, so you'll not be afraid.

—Mirka Szychowiak, "Before"

CONTENTS

PSALMS

Krajobraz z dziewczynką

J & J

chciałabym powiedzieć—do niej, do obojga—
połóżmy się pod trawą, połóżmy się w cieniu
suszonych okrętów. niech sprawę losu przejmą
te platany, chciałabym powiedzieć, patrzcie,

lecz tylko głaszczę przezroczyste niebo. słońce się
przesunęło i widać zielonego dzięcioła. zaśnijmy już,
chciałabym powiedzieć, bądźmy już zawsze
dywanem, kłębkiem kurzu, lecz tylko stoję

w chmurze śmiechu i wróć jest tym słowem
którego nie mówię, kiedy wybiega na trawę
zewnętrzna na świat i w tej chwili umiera ktoś inny—

Landscape with Little Girl

For j and j

I'd like to say—to her, to both of them—
let's lie down beneath the grass, lie in the shade
of dried-out ships, let matters of fate be left
to those plane trees, I'd like to say, look over there!—

instead, though, I caress the see-through sky, the sun
has shifted, there's a green woodpecker, let's fall asleep
I'd like to say, from now on let us always be
a carpet, a ball of yarn, but I only stand

in a cloud of laughter and *come back* are the words
I end up never saying as the child, external as the world,
runs on the lawn while someone else is dying—

Święto grudnia

bosko niekonieczne hałasowanie gawronów, ich
przemieszczanie się z drzewa na drzewo w porządku,
którego sens zmienia znaczenie słowa znaczyć:
darmowe na niebie róże rozmywające się szybko
w stalowych smugach, pociągnięciach pędzla, wiatru
i to, o czym od środka myślę ja—obecne. nic więcej

o nas nie wiadomo: szczelinami wpadają obrazy
i wysypują się opiłki życia prosto w mętne wody
pragnienia porywające nas z tej dzikiej chwili,
żeby kiedyś wyrzucić, w przepychu żółtych
i czerwonych liści, na cichym i odludnym brzegu
nieistnienia. tymczasem tutaj—ptaki, czarne owoce

na bezlistnych drzewach, niebo z okruchami śniegu,
moje dziecko! dostać się do was, jeszcze się dośpiewać,
wygrzebać z siebie, wyoddychać; jeszcze się
urodzić w krzepniejącej nocy, łopotaniu skrzydeł,
świetle wilgotnych latarni—w jej oczach: żadnych
więcej, żadnych więcej, żadnych więcej próśb—

Feast of December

divinely superfluous commotion among the rooks, their
movements from one tree to another in a sequence
whose sense changes the meaning of the word meaning;
gratuitous pinknesses in the sky that dissolve rapidly
into steel-gray smudges, strokes of the brush, of the wind;
and what's thought of from within as *I*—all this is present. nothing

else is known about us: images tumble into crevices
and filings of life come sprinkling out straight into the turbid waters
of desire that sweep us away from this wild moment
so as at some point to throw us out, in a splendor of red
and yellow leaves, on the quiet deserted shore
of nonexistence. meanwhile, here there are birds, black fruit

on leafless trees, a sky with scraps of snow,
my child! to make it through to you all, sing myself there,
scramble, breathe my way to you; at least
be born in the gathering night, in the flapping of wings,
the damp light of streetlamps—in my daughter's eyes: nothing
more, nothing more, nothing more will be asked—

Psalm I

M. M.

niektórych wierszy nie można już napisać.
niektórych nie dało się napisać wcześniej.
nocą rozpacz z powodu dzieci, utopionych
dzieci, powieszonych dzieci, spalonych
dzieci, zgładzonych dzieci, maskotek dzieci
w rozbitym samolocie, bo macierzyństwo
jest dożywociem, a rozpacz szuka atrakcji
i pokupnych kształtów, żeby się w nie wystroić,
żeby się zasłonić, żeby się ochronić;
więc lepiej milcz, mówię, więc mówię: żadna
z waszych kości nie będzie połamana, powiedzmy,
"nie zabraknie wam żadnego dobra," powiedzmy,
"będzie zasadzone drzewo u strumieni wód"—

Psalm I

For M. M.

some poems can no longer be written.
some could not be written till now.
nighttime despair because of the children, the drowned
children, the hanged children, the burned
children, the massacred children, the favorite toys of children
in the plane wreck, because motherhood
is a life sentence, while despair seeks adornments
and desirable shapes, so as to dress up in them,
to be covered up, to be protected;
so best be quiet, I'm saying, so I'm saying: none
of your bones will be broken, let's say,
"you shall want for nothing," let's say,
"a tree will be planted by the flowing waters"—

Psalm II

pożeracze mojego ciała,
jak zabrzmi kanon naszej przyjaźni?
2 metry kwadratowe skóry,
koniec świata to moje
mieszkanie, 30 kilometrów kwadratowych
błon komórkowych domu
pańskiego powszedniego i woda,
woda, woda dla spragnionego, pijcie
to ze mnie krzywdziciele moi,
przyjaciele moi,
kochankowie moi,
suchą stopą przez morze moje
do jutra—

Psalm II

Devourers of my flesh,
how will the canon of our friendship sound?
2 square meters of skin,
the end of the world is my
dwelling, 30 square kilometers
of cell membrane in the house
of the everyday lord, and water,
water, water for the thirsty, drink
from me, my wrongdoers,
my friends,
my lovers,
dry-shod across my sea
until tomorrow—

Psalm III

w jakim języku mam do ciebie mówić, słońce
żebyś jutro wstało dla mojego dziecka żebyś
wstało i pobudziło tkanki pokarmów

                                    krążenie

jak mam to zaśpiewać dla mojego dziecka
jak mam tobie śpiewać planeto żebyś wybaczyła
że urodziłam głód, że urodziłam

                                    pytanie

zaczepione o nic, jak sobie zaskarbić
szczodrobliwość stworzycielek-bakterii
czysty deszcz powietrze glukozę

                                    la la

że ułożymy się i zaśniemy, że się obudzimy
że ułożymy się i zaśniemy, że się obudzimy,
grawitacjo:

                        tfi

                                    la la

że nas ułożysz i zaśniesz, i że nas obudzisz—

Psalm III

in what language should I speak to you, sun
so you'll rise tomorrow for my child, so you'll
rise and stimulate the growth of our food,

                                  circulation,

how should I sing it for my child
how should I sing to you, planet, so you'll forgive me
for giving birth to appetite, for giving birth

                                     to a question

hooked onto nothing, how can I win
the generosity of the creator-bacteria
how can I win clean rain air glucose

                              la la

so we'll lie down and fall asleep, so we'll wake up
so we'll lie down and fall asleep, so we'll wake up,
gravitation:

                            tfi

                            la la

so you'll lie us down and fall us asleep, and wake us—

Psalm IV

czterdzieści jeden lat ludzkiego życia bez wojny
czy jedno ciało wystarczy
(ocaleni po zimie niedobrej nowiny wakacje)

(ocaleni po wiośnie niedobrej nowiny 2500 utonięć)
oto ludzie twoi
i ludzie nietwoi

(ocaleni w miastach jarmużu miastach bez glutenu)
spodziewamy się życia
długość naszego życia podwoiła się i nadal rośnie

(ocaleni w zagospodarowanych cudach przyrody)
nie bój się
(w deszczu pikseli labiryncie sztucznego głodu)

nie bój się córeczko
liczba naszych ekspertów nadal się powiększa
spodziewaj się życia
więcej i więcej życia

(na czerwonej pustyni pod wysoką lazurową falą)
nie bój się
moja niemoja córeczko

na zielonych pastwiskach
moja niemoja córeczko
tam jest cicho tam pokarm bez dna
(ocaleni po zimie wiośnie niedobrej nowiny wakacje)
oto ludzie twoi oto ludzie nie—

Psalm IV

forty-one years of a human life without war
and a single body is not enough
(survivors of a winter of bad news now the long vacation)

(survivors of a spring of bad news 2,500 drowned)
here are your people
and those who are not yours

(survivors in the cities of kale the gluten-free cities)
we expect life
the length of our life has doubled and is growing

(survivors in the cultivated marvels of nature)
don't be afraid
(in the rain of pixels the labyrinth of man-made hunger)

don't be afraid, little daughter
the number of our experts is constantly on the rise
expect life
more and more life

(in the red desert under the tall azure wave)
don't be afraid
little daughter of mine and not mine

in the green meadows
little daughter of mine and not mine
it's quiet there bottomless nourishment is there
(survivors of a winter a spring of bad news now the long vacation)
here are your people here are those who are not—

Psalm V

Piękno istnieje, la ermozura egziste i raje
nie są sztuczne, tylko jak mieć wachlarze
z miłorzębu zielone obok zaraz żółtych i twarze
ludzkie w słońcu, perły architektury i myśli
o prochu, którym się stajemy? Dwa dni później
pamiętam już tylko teorię, co mówiliśmy
o matematyce Alhambry i fragmenty wierszy więc
rozbieram się szybko, żeby to przyłapać
na gorącym życiu, żeby się nasycić dobrem
twego domu pośród pagórków przepasanych
weselem gdzie szukam i znajduję, szukam
i nie znajduję, szukam i znikam i—

Psalm V

Beauty exists, *la ermozura egziste,* and paradises
are not artificial, yet how can one have fans
of gingko, green right next to yellow, and human
faces in the sunshine, pearls of architecture and thoughts
about the dust that we become? Two days later
I remember only theory, what we said concerning
the mathematics of the Alhambra, and the fragments
of poems, so I undress quickly, to catch life
red-handed, to relish the goodness
of your home amid the hills encircled
by a wedding party where I seek and find, seek
and do not find, seek and disappear and—

Psalm VI

sekundy osypują się jak confetti słońce
zjeżdża po szybach na śnieg kiedy tracę
kontury wzrok kości i dom
(mój warszawski z betonu)
wydziela dźwięki

podobne do płaczu: dniu
który wypadłeś mi z rąk
który się wyślizgnąłeś spod stóp prosto w czarne
błoto pomiędzy gwiazdami rozkarm
swoje szczątki między moje
matki rozczęstuj się
między dzieci moje
i nie—

Psalm VI

seconds tumble like confetti the sun
descends the windowpanes onto the snow as I lose
my outline my vision my bones and the building
(my Warsaw home of concrete)
is making noises

that sound like weeping: day,
you fell from my hands
you slipped out from under my feet straight into the black
mud among the stars feed out
what's left of you among my
mothers my
children share
me out—

Psalm VII

j. cz.

zobaczyłam korzenie kiełkujących zbóż
właśnie tu pobuduję świątynię
zobaczyłam schludny szkielet jaszczurki
oczyszczony z ciała przez mrówki
właśnie tu pobuduję świątynię

rozpoznaję głód maleństw
cierpkie słowa języka
szeptanego przy ziemi
na wytrwały wiatr

zobaczyłam kolumny słonecznego światła
sięgające morskiego dna
właśnie tutaj poszukam schronienia
w ławicy ryb bez imienia

w zatrutej wodzie
w strachu błyszczących maleństw
słonych słowach języka
fala za falą

"niech ściga wróg duszę moją
niech mnie dosięgnie i wdepcze w ziemię
moje życie"
właśnie tu pobuduję świątynię
właśnie tutaj poszukam schronienia
żeby się rozkarmić między maleństwami
fala za falą czasu ludzkiego powszedniego

i rozpoznać radość sprawiedliwych płuc żołądka dłoni
i języka
którym mnie mówiono
zanim była ona zanim byłam ja—

Psalm VII

For J. Cz.

I saw the roots of the sprouting grain
this is where I'll build my temple
I saw the tidy skeleton of the lizard
cleaned of flesh by the ants
this is where I'll build my temple

I recognize the hunger of the little creatures
the sweet sounds of a language
whispered low on the ground
to the steadfast wind

I saw the columns of sunlight
reaching to the bottom of the sea
it's here I shall seek a hideaway
where the shoals of nameless fishes play

in poisoned water
in the fear of little shining creatures
the salty words of a language
wave after wave

"let the enemy persecute my soul
and take it let him tread down
my life upon the earth"
this is where I'll build my temple
this is where I'll seek shelter
to feed myself out among the little creatures
wave after wave of everyday human time

and to recognize the joy
of honest lungs stomach hands and the language
in which I was spoken
before there was a she before there was an I—

Psalm VIII

te obiekty mogą być bardziej toksyczne
niż to widać w lustrze pa-
mięci
   przytomności
      nadziei
nie są tym czym są pola rzeżuchy płomiennej i chleba
lub jabłkowe sady w marzeniach supermarketu

oceany mogą być innego koloru
niż to widać na filmie
fauna
  mórz
    południowych
może być bardziej martwa uważaj to
łoże jest mokre od łez

pod kopułą z wiatru kosiarek dronów
drzewostany
    groby i
       gniazdka

"ptactwo niebieskie i ryby morskie, i cokolwiek chodzi
    po ścieżkach morza"—

Psalm VIII

these structures may be more toxic
than can be seen in the mirror of me-
mory
       consciousness
              hope
they are not the same as fields of flaming bitter cress and bread
or apple orchards in supermarket dreams

oceans can be a different color
than you see on film
the fauna
         of southern
                seas
may be more dead be careful the
bed is damp from tears

beneath the dome of wind of mowers of drones
are stands of trees
           graves and
                nests

"the fowl of the air, and the fish of the sea, and whatsoever passeth
      through the paths of the seas"—

Psalm X

żyletką kwietniowego światła wycięte z niebieskiego tła
poduchy chmur, tym samym światłem obudzona tu i teraz
kobieta

czerwienią kwietniowego zmierzchu podbita kotara
ulewy, z tej samej wody wyrzeźbiona tu i teraz
kobieta

ciemnością kwietniowej nocy osłonięte ciała gwiazd,
tym samym mrokiem napełniona tu i teraz
kobieta

        człowiek
        zrodzony z ziemi
        wzbudza strach—

Psalm X

cut by a razor of April light from a blue background
cushions of clouds, by the same light awoken here and now
a woman

lined by the red of an April dusk a curtain
of rain, by the same water sculptured here and now
a woman

shielded by the dark of an April night the bodies of stars,
by the same darkness filled here and now
a woman

        one
        born of the earth
        stirs fear—

Psalm XI

próbuję wybudować dom
(właśnie tu)
muszlę winniczka

próbuję wybudować schron
(właśnie tu)
gniazdo jaskółki

kładę fundamenty
(mech na kamieniach)
pokruszone światło

otwieram drzwi
(kropla wilgoci)
zimny taniec wiatru—

Psalm XI

I'm trying to build a house
(right here)
a snail's shell

I'm trying to build a shelter
(right here)
a swallow's nest

I lay the foundations
(moss on the rocks)
light stippling the ground

I open the door
(a droplet of moisture)
cold dance of the wind—

Psalm XII

wstawanie przed świtem, jasna
Wenus nad sosnami, ciemne,
ciemne pnie. wrośnięty korzeniami
głęboko w ludzkie ciało czas
(mówimy mój, mówimy nasz)
zdejmuje granatowy lakier
z powściągliwych domów i
wytrawiony w tyglu ziemi,
najprawdziwszy, świeży dzień,
                    już:

siedemnaście tysięcy lat temu
ktoś ulepił figurkę zwierzęcia.
pierwsza książka
zaczynała się od słowa *gniew*—

Psalm XII

risings before dawn, bright
Venus over the pines, dark
dark trunks. with roots digging
deep into human flesh, time
(we say ours, we say mine)
strips dark-blue varnish
from the unassuming houses and,
etched in the crucible of earth,
the truest fresh day,
                         now:

seventeen thousand years ago
someone molded the figure of an animal.
the first book
began with the word *anger*—

Psalm XIII

co było marzone, to już raczej nie.
co dzień nowe piosenki o nienasyceniu.
stare wersje końca wróciły do gry,
w nią się zawsze gra z jak najlepszą
miną, na czas

pożyczony od gleby, przyszłości i
jakiegoś życia. czas to pieniądz dłużny.
gleba—jak kobieta. nie pomieści
dziadowskiego życia nieśmiertelna
chmura.

co było marzone, to już raczej nie.
zasypiamy głodni, budzimy się z trwogą.
nowe wersje końca podgrzewają grę:
kobieta jak gleba? komu pałac
z miodu? komu

namiot z piasku kamień pełen soli?

Psalm XIII

what was dreamed of no longer really is.
each day new songs of insatiability.
old versions of the end have come back into play,
the game is always played with the best face
possible, for time

on loan from the soil, from the future and
someone's or something's life. time is money owed.
the soil—like a woman. there's no room
for crummy life in the immortal
cloud.

what was dreamed of no longer really is.
we fall asleep hungry, wake in anxiousness.
new versions of the end heat up the game:
woman as soil? who wants a mansion
of honey? who wants

a tent of sand a rock replete with salt?

Psalm XV

pod gwiazdami, po deszczu, w zawieszeniu broni
między latem i jesienią, lasem i pogwizdywaniem
podmiejskiego pociągu nie zachwiejesz się? w zgodzie
wieczora i nocy, wilgotnym jak podniebienie,
cichym jak samogłoska powietrzu jak długo
zanim się wytrącą: nazwa, doświadczenie? ktoś
obcy będzie to potem wspominał tak jak ty pamiętasz
analogowe dziecko nad rzekami odtransportowane
śliskim prądem pogód w głąb wielkiego snu
z którego kiełkuje głos: to, ja—

Psalm XV

beneath the stars, after rain, in the ceasefire
between summer and fall, between the whistle of a local
train and the woods, will you not waver? in the harmony
of evening and night, in air damp as a palate,
quiet as vowels, how long before they will
be precipitated: name, experience? some
stranger will remember it, the way you remember
the analog child by the rivers who was transported
by a smooth current of weathers into the depths of a great dream
from which a voice germinates: that, I—

Psalm XVII

młody i silny, jasnoszary; biegł
jeszcze, zanim otchłań, zupełna
od chwili zderzenia, zajęła
zwinne ciało, wessała oddech,
krążenie.

                         deszczówka

zebrała się w przydrożnym
rowie, gdzie złocisty kosmos
skurczył się do strzępu
wilgotnego futra, źrenicy
o gęstości pustki—zgasł.

                         czyja

śmierć, jego czy moja,
wibrowała w powietrzu,
we krwi, kiedy
zatrzymałam się, prosząc:
niech to się nie stało?

                         czyj

kwiat z grudki bólu otuli
mleczną drogę, jej pazury
czasu, sierść gwiazd?

Psalm XVII

young, strong, light-gray: he was still
running when the abyss, total
from the moment of impact, took possession
of his nimble body, sucked in his blood flow,
his breath.

                                  rainwater

had pooled in the roadside
ditch, where the gold-bright universe
shrank to a scrap
of damp fur, a pupil
dense as the void—went out.

                                  whose

death, his or mine,
trembled in the air,
in the veins, when I
pulled over, saying:
let it not have been so?

                                  whose

flower made from a clod of pain will enfold
the milky way with its claws
of time, its pelt of stars?

Psalm XVIII

nocą jej strach przelewa się do moich snów, nic
wielkiego, obudzone w bawełnianym schronie
śmiejemy się z czarnej wody, mgły, skrzydeł
wiatru w szczelinach domu i warszawskie niebo
cicho robi swoje pokazując nam tylko podszewkę,
wnętrze dłoni; kiedy stado gołębi
nurkuje w jej oczach, jej bosa dusza, dusza
z gołą głową biegnie,
                                    goni wiatr, zaczekaj,
mówię stanowczo do czasu, przez sekundę
wydaje mi się, że—

Psalm XVIII

at night her fear spills over into my dreams, no
big deal, awoken in the safety of cotton
we laugh at the black water, the fog, the wings
of wind in the cracks of the house, and the Warsaw sky
works its quiet way, showing us only its inside,
the palm of its hand; and then a flock of pigeons
swoops in her eyes, her barefoot soul, her bareheaded
soul runs,
                              chases the wind, wait,
I say firmly to time, for a brief moment
it seems to me that—

Psalm XIX

ludzko spóźnieni tęsknimy do zieleni.
"jak olbrzym ruszający do biegu," tak ten
w kwietniu brzask śmieje się na miasto i okna
naszego domu opasane gorączką tramwajów,
podbiegłe brzęczeniem śmigłowców i słowami
ptaków—absolutnym śpiewem policzonych
dni:

opuszkami palców otwieram twój sen.
mapy żyznych rzek na skroniach, przebiegi
oddechu—myślą mojego serca śledzę
to i demony, królowie chaosu, zawracają
na mgnienie do bram zimnych piekieł,
skoro tu urosła (tak jak rosną liście)
czułość:

        skoro wątłość nasza
ma swój w kwiatach tron—

Psalm XIX

 humanly late we long for what is green.
"as a strong man to run a race," so this
April daybreak laughs toward the city and the windows
of our building ringed by a fever of streetcars,
swollen with the buzz of helicopters and speakings
of birds—the absolute song of numbered
days:

with my fingertips I open your dream.
maps of fertile rivers on your temples, pathways
of your breathing—with my heart's mind I follow
that, and the demons, monarchs of confusion, return
briefly to the gates of cold infernos,
since here has grown (the way leaves grow)
tenderness:

           since our frailty
has its own flower-wreathed throne—

Psalm XXII

"jak woda wylana" nad tą rzeką Narew
i rozsypane kości podróżnik błękitny
ostudzone zgliszcza i bielica piołun
między chmurami pokruszone szkło

i niechby jakieś inne słowo dla człowieka
obok człowieka obok człowieka obok
psa i pszczoły, słowo jak "ćma," to znaczy
"chmara" lub "mrowie" lub "ciemność"

cień chmury w poprzek chudego księżyca
nad rzeką:
                "Narew"
znaczy rzeka

                człowiek
znaczy człowiek znaczy
człowiek znaczy
            (ląd)—

Psalm XXII

"poured out like water" over the river Narew
and bones out of joint pale-blue chicory
cold ashes and wormwood
broken glass among the clouds

and let there be some other word for human
by human, by human, by
dog and bee, a word like "ćma," which means "moth" but also
"multitude" or "swarm" or "darkness"

shadow of cloud across a skinny moon
over the river:
                         "Narew"
means river

                         human
means human means
human means
                         (land)—

Psalm XXIV

niechby jakieś inne słowo dla człowieka
obok człowieka obok człowieka
nad tą rzeką Wisła, na przykład "chmura"
("zawieszone w atmosferze
widzialne skupienie
drobniutkich kropelek wody"),

na przykład zawieszone
w przestrzeni widzialne skupienie
komórek,
                    rozwijane w czasie
serpentyny energicznych przygód:

na przykład rzeka
bezwinnie płynie do morza,
erytrocyty przytomnie transportują tlen—

Psalm XXIV

let there be some other word for person
by person, by person
over this river Vistula, for instance "cloud"
("a visible concentration
of minute water droplets
suspended in the atmosphere"),

for instance visible concentration
of cells suspended
in space,
                              developing throughout
the windings of energetic adventures:

for instance river
flowing guiltlessly to the sea,
erythrocytes diligently transporting oxygen—

Psalm XXV

1
jeszcze tak:
kiedy przepadnie dom, poszukamy drogi.

2
kiedy wygaśnie ten potężny płomień, poszukamy
drogi

3
zwykłej jak wstążka wokół horyzontu tam (patrz!)
gdzie morze spotyka się z niebem (to mgła).

4
kiedy rozpadną się te kształty, poszukamy drogi.

5
kiedy rozpadną się te ukochane, wyobrazisz sobie
radość tak

6
kompletną, że już nie będzie trzeba ciebie ani mnie,
czyż nie

7
za tym tęsknimy gdy osypują się sekundy z ciał

8
(szybkie ruchy jaszczurki wewnątrz tego świata)

9
gdy kumulujesz konsekwencje ekstaz?

10
a gdy rozsypią się te ukochane, ono było tobą.

11
a gdy rozsypią się te ukochane, ono było mną
w drodze do domu z chleba domu ze
śpiewania,

Psalm XXV

1

this too:
when the house is gone, we shall look for a road.

2

when that mighty flame is extinguished, we shall look
for a road

3

as plain as a ribbon around the horizon (look!)
where the sea meets the sky (that is mist).

4

when these shapes fall apart, we shall look for a road.

5

when the beloved ones fall apart, you shall imagine
a joy so

6

complete that neither you nor I will be needed
is that not

7

what we long for as the seconds spill from our bodies

8

(the dartings of a lizard inside this world)

9

as you store up the consequences of raptures?

10

and when the beloved ones fall apart, *it* was *you.*

11

and when the beloved ones fall apart, *it* was *me*
on the way to the house of bread, the house
of song,

12
a kiedy się rozejdą (chmury, oceany)
wydobędziemy nasze nogi z sideł

13
i nauczymy się ścieżek (gdzie morze spotyka się z niebem)

14
kiedy przepadnie dom, czy coś nam nie przepadnie?

15
kiedy wygaśnie ten potężny płomień czym to jest
po drugiej stronie płonięcia i bycia

16
gwiazd ułożonych w historie—czyj czas?
(po drugiej stronie mapy)

17
kiedy rozsypią się te ukochane co jeszcze jest
proste?

18
kiedy rozsypią się te ukochane napotkamy siebie
w domu ze śpiewania

19
cykad silników serc fali
w domu molekuł pikseli
i po omacku

20
i zatopiona łódź (gdzie morze spotyka się
z niebem)

21
a kiedy się rozsypią, wszystko jest na chwilę
chwila na zawsze

22
sześć miliardów chwil
gdy zanosimy samotność, gdy się zanosimy—

12
and when they part (the clouds, the oceans)
we pluck our feet out of the nets

13
and learn the pathways (where sea encounters sky)

14
when the house is gone, will something of ours not be gone?

15
when that mighty flame is extinguished, what is there
on the far side of the burning and the being

16
of stars arranged into stories—whose time?
(on the other side of the map)

17
when the beloved ones fall apart, what else is
simple?

18
when the beloved ones fall apart we shall chance upon ourselves
in the house of song

19
of cicadas of engines of hearts of wave
in the house of molecules of pixels
and fumblingly (eli)

20
and the sunken ship (where sea meets
with sky)

21
when they fall apart, everything is but for a moment
that moment forever

22
six billion moments
as we offer loneliness, we offer fear—

Psalm XXVII

późny lipiec kiedy dostrzegasz forpocztę
jesieni i tylko tak, w czasie, możliwe
nasze dotknięcie: rdza
w krainie żyjących, na poskręcanych
liściach kasztanowca i ukośne światło
nad namiotem twoim z ramion
i zmrużonych oczu kiedy przynosimy
dłonie przynosimy usta
przynosimy strach

utracony blask za kotarą z molekuł
w niestabilnych kadrach pamięci
uruchomionych szelestem z oddechu
                            tak, nie inaczej;
słońce przecedzone przez gałęzie lipy
                            akurat w ten sposób,
                            przyjmujesz?

Psalm XXVII

late July when you notice the vanguard
of autumn and only thus, in time, the possibility
of our touching: corrosion
in the land of the living, on the twisted
leaves of the horse chestnut and the slanting light
of the tent you make with arms
and squinting eyes when we bring
our hands we bring our mouths
we bring our fear

lost radiance behind a curtain of molecules
in the volatile frames of memory
set in motion by a rustle of breath

                              like so, not otherwise;
sunlight filtered through linden branches
                            in just that way,
                            do you accept?

Psalm XXVIII

piękno istnieje i istnieje dom
otoczony deszczem, osaczony łuną twoich
bilbordów, Warszawo: sama z tobą i resztką
niedzieli przeczesuję teren w poszukiwaniu
instrukcji, drogowskazów, mapy, bez której
życie jest niemożliwe, a potem możliwe, bez
towarzystwa broni i miłości możliwe, a potem
niemożliwie śliskie supły czasu w lodowatych
dłoniach—podobno już tu do nas jedzie
sine słońce września? podobno coś będzie
się kończyć, co innego nie?

Psalm XXVIII

beauty exists, and so does the house
encircled by rain, besieged by the glow of your
billboards, Warsaw: alone with you and what's left
of Sunday, I comb the terrain in search
of directions, road signs, a map, without which
life is impossible, then once more possible, without
comradeship in arms without love it is possible, then once more
impossible, the slippery knots of time in ice-cold
hands—they say the blue September sun
is already on its way to us? they say something
will be ending, something else not?

Psalm XXIX

jak kolumny z mgły, tak
maszerują nasze policzone dni, jak
śpiew z prochu, tak zanosimy siebie
do najdłuższej nocy. Co istnieje
gdzie nie widzimy, do kogo
się zwraca? "Emergency
warning for Eden," że zapłoną
sny których jeszcze nie śniliśmy
i płatki sadzy odtańczą żałobę
po tym czego nie—

Psalm XXIX

like pillars of fog: so
our numbered days march; like
songs from dust: so we offer ourselves
into the longest night. What exists
where we do not see, who
is appealed to? *Emergency*
warning for Eden, that dreams
we have not yet dreamed will go up in flames
and flecks of soot will dance in mourning
after what we haven't—

Psalm XXX

kogóż będę się lękać?
kiedy czas przysnął na chodniku
jak zmęczony pies, punkt
dla nas: odkurzamy porcelanę,
zdjęcia, magnetowid; poezję,
politykę i miłość. dwudziestoletnia,
taka ci wychodzę w ramach okna,
póki nie zblakną ogniste piksele
miasta, póki się nie wyleje
dzień. w bladym kadrze, ten,
który ucisza zgiełk mórz: spustoszenie—

Psalm XXX

who, who will make me afraid?
when time falls asleep on the sidewalk
like a weary dog, one point
to us: we dust our china,
our photos, VCR; our poetry,
politics, and our love. a woman of twenty,
that's how you read me in the window
before the city's fiery pixels
fade, before the spilling out
of dawn. in the pale frame, the one
who stills the noises of the sea: devastation—

Psalm XXXI

R. K.

sikorka przysiadła na parapecie jak wiadomość
wygenerowana przez mgłę, październik
przechodził w listopad w brzozach dębach olchach,
mrozoodpornych kwiatach, na cmentarzach
gdzie nasi ojcowie nie pisali pamiętników,
gdzie nie poznaliby naszych dzieci, naszych
wierszy i nas. Telewizja nadawała Polskę,
która zginęła, a potem nie zginęła, a potem znowu
zginęła, a potem nie, a potem słońce
podbiło wycinankę gałęzi, nie wiadomo kiedy
sikorka wsiąkła w niebo, zanim zdążyłam powiedzieć
pamiętaj, zapamiętaj mnie—

Psalm XXXI

for R. K.

a chickadee had perched on the windowsill like a message
generated by the mist, October
was turning into November in the birches oaks alders,
in the frost-resistant flowers, in the cemeteries
where our fathers wrote no memoirs,
where they would not recognize our children, our
poems, ourselves. The television was showing Poland
that had perished, and then had not perished, and then
again had perished, and then not, and then the sun
flung up a mesh of branches, all at once
the chickadee was absorbed by sky before I could say
remember, remember me—

Psalm XXXIII

podobno pszczoły w Narewce już zawiązały
kłąb pod kopułą jabłoni, mgła wygładziła krajobraz,
wyciągnęła przejścia między godzinami i
                                        chłód
zapieczętował słoje: wczesne – najjaśniejsze,
późne – w kolorze rdzy, tak koncentrycznie
przyrastają zwoje księgi, warstwy serca i
uplecione z kompostu obręcze historii.
                                        tak głos
pączkujący w mżawce pod sosnami
niesie rojną duszę, tak w wilgoci wzbiera
plenny śpiew:
                                        oto kruchość nasza,
                                        oto jest z niej
schron—

Psalm XXXIII

it seems the bees in Narewka have already formed their swarm
under the dome of the apple tree, mist has smoothed the landscape,
laid down passageways between the hours while
                                        cold
has sealed the jars: the early ones the lightest,
the late ones the color of rust, the way the rings of a scroll
are added concentrically, the layers of the heart and
the circles of history woven from compost.
                                        the way the voice
budding in the drizzle beneath the pines
bears a swarming soul, the way that in the dampness a fertile
song swells:

                                        behold our frailty,
                                        behold the refuge

that it makes—

Psalm XXXIV

spodobałby ci się ten rysunek:
pustka pożyłkowana gęsto istniejącym.
zanurzone w niczym mięśnie, ścięgna i tętnice
świata, czyli naszych próśb, ich wysłuchania
i niewysłuchania, tej pogody z niebem
przeciętym wieczorem na jasną i ciemną
połowę – tej i każdej innej:
                       twojej samotnej
śmierci pod jarzeniówkami i o niej pamięci
dwadzieścia trzy lata później, wywołanej
światłem pod chmurami jak płomienie w oczach,
o których mówią, że mam je po tobie—

Psalm XXXIV

you'd have liked this drawing:
emptiness veined densely with what exists.
immersed in nothing, muscles, tendons, and arteries
of the world, which is to say our requests, granted
and not granted, and the sort of weather where the evening sky
is divided into bright and dark
halves—that weather and all others:

                                your solitary
death under neon lights and the memory of it
twenty-three years later, brought to mind
by light under clouds like flames in my eyes
that they say take after yours—

.

Psalm XXXVIII

piękno istnieje, znowu nas otwiera, poi
surowym brzaskiem, sypie w oczy
piasek światła i szelest pojazdów
wywołuje świat, nas z siebie wypędza:

(osaczeńcy)

wędrujący między świeżą krwią
dnia a dymem, dymem a zielonym
całunem na szkielecie miasta, oto
raport z wojny, prognoza pikniku—

Psalm XXXVIII

beauty exists: it opens us once more, feeds us
with a raw, dim glow, pours a scattering
of light into our eyes while the hiss of traffic
summons forth the world, then casts us out of ourselves

(we who are at bay)

wandering between the day's fresh
blood and the smoke, the smoke and the green
shroud draping the city's skeleton: here then is
a report from the war, the forecast of a picnic—

Psalm XXXIX

tamtego ranka, wczoraj, przedwczoraj, przed
miesiącem, upały: oszlifowany szmaragd, morze,
twoja dłoń w mojej dłoni, wspólne
unoszenie się na wodzie, pokój. i prawie
pomyślałam: tak wpłynąć
w tę nicość o wielu imionach gdzie miliony
żywią się ciałem wieloryba przez dekady czasu,
gdzie jego szkielet to solidny dom, tak:

Psalm XXXIX

that daybreak, yesterday, the day before yesterday, a
month ago, sweltering heat: a polished emerald, the sea,
your hand in mine, floating
together on the water, peace. and I almost
thought: to glide like this
into the nothingness with many names, where millions
feed on the flesh of a whale for long, fat decades,
where its skeleton is a solid house, so:

Psalm XCI

było marzone
z lichego grobu wyjąć żywe dziecko

nie było dziecka
pod gruzami szkoły

nawiedziła Maria
wiatr wyssał wodę z oceanu

nawiedziła choroba
przywiązała się

zamieszkała choroba
teraz je mój chleb

razem to jemy
wytrącone z kamienia i gleby

kwitniemy
wspólnie kwitniemy—

Psalm XCI

it was dreamed
to take a living child out of a paltry grave

there was no child
under the rubble of the school

Mary came haunting
wind sucked out the water of the ocean

disease came haunting
attached itself

disease came dwelling
now it eats my bread

we eat together
expelled from rock and soil

we flourish
side by side we flourish—

Psalm XCII

nic nowego pod słońcem
niechby się wydarzało znowu i znowu i znowu
na naszych oczach skórze języku naprawdę
(dziś zapomniałam, że to już pół życia)

nic nowego pod słońcem
niechby się wydarzało znowu i znowu i znowu
w ciemności cieple szeptaniu
(nienarodzeni są u źródeł wód)

i żeby się śpiewało: w oddychaniu skał
pod stopami w negocjacjach porostów
tkankach czarcich kręgach
(nienarodzeni są u źródeł wód)

i kiedy przepaść wzywa hukiem wodospadów
odżywiamy się łzami
aby się wydarzało znowu i znowu i znowu
na naszych oczach skórze języku naprawdę—

Psalm XCII

nothing new under the sun
may it happen again and again and again
before our eyes on our skin our tongues in truth
(today I've forgotten it's been half a life already)

nothing new under the sun
may it happen again and again and again
in darkness warmth in whisperings
(the unborn are at the source of the waters)

and let there be song: in the breathing of rocks
underfoot in the deliberations of the lichens
in body tissues fairy rings

and when the abyss calls out with a roar of waterfalls
we feed on tears
so it might happen again and again and again
before our eyes on our skin our tongues in truth—

przejściowo

ruchome mapy blasku
nad miastem
mokry wiatr

rozkwitające dziewczęta
owocowe drzewka
parki pełne córek

i właśnie teraz odkrywana
radość
z ich urody:

coś się rodzi
(puste) czego one
jeszcze nie:

for now

shifting maps of brightness
over the city
a damp wind

young girls in flower
small fruit trees
parks full of daughters

and precisely now an emerging
joy
at their loveliness:

something (empty)
is born that they
do not yet:

z wnętrza cielesnej pojedynczości
wypuszczam czułe zajączki.
nie wierzę w siebie, lecz w kogoś
innego, kto wpada z odwiedzinami
przypadkiem albo dlatego,

że chce: dryfujący na falach nieopodal łódki
w upalny poranek wielki żółw nie odpłynął
od razu—też był nas ciekawy? delfiny
zaglądały przez calutkie lato, jaskółki
oblepiły ściany domu gniazdami.

i w to, czego się boję, bo mogłoby mnie
zjeść, i zje, wierzę: żółw bywa po śmierci
domem dla tuzina rodzin. człowiek
jest przed śmiercią mieszkaniem dla maleństw,
karmi własny koniec, żeby gołe życie

mogło dalej płynąć, barwiąc się do woli.
w kobietę z pomarańczowym parasolem,
kiedy minęło lato i jesteśmy w Warszawie,
wierzę. przez nią jestem swoja zupełnie
inaczej, przez niego, przez ciebie.

i w ten tutaj deszcz: ponieważ krople
spadają z nieba, spadają z dachu,
spadają z drzew, ich nieuchronny lot
jest kwintesencją
                    mojej wolności.

From within my bodily singularity
I play at sending out gentle sunbeams.
I don't believe in myself, but in someone
else who comes to visit
by chance or because

they want to: afloat on the waves close to the boat
one sweltering morning, the large turtle did not swim away
at once—was it curious about us too? dolphins
came by all summer, swallows
built their mud nests on the walls of the house.

I believe in what I am afraid of, what
could eat me, and will: after death, a turtle
can be home to a dozen families. a human
before death is home to tiny beings,
feeds its own end so that bare life

can swim on, assuming any color it wishes.
in the woman with the orange umbrella,
when summer's over and we're in Warsaw,
I believe. through her I'm my own self entirely
differently, through him, through you.

and in this rain: since the drops
fall from the sky, fall from the roof,
fall from the trees, their unstoppable flight
is the essence
                    of my freedom.

po drodze

trzaśnięcie drzwiami wyrywa ze snu
pękate ciało współpasażerki, szybsze
niż myśl dyktująca słowa wyjaśnienia:
"jestem wykończona." odmienione
przez jej smutny uśmiech to,
o czym od środka mówi się ja, chciałoby
wyjrzeć przez okno: ślady starego
deszczu na szybie i zapowiedź nowego
w chmurze nad brzozami migającymi
wzdłuż torów jak żółte płomyki.

opuszkami palców bębni się o szybę.
tyle życia, tyle barw, a opadniemy,
ona i ja, jak liście: odmienione (jak
cichy czasownik) to, co po tej stronie
projektuje pejzaże, dystanse, na jedną
chwilę zbiega się w życzeniu: dobrej
podróży, dokądkolwiek—

on the journey

the slam of the door jolts my fellow passenger's
stout body awake, it's quicker
than the thought dictating words of explanation:
"I'm exhausted." altered
by her sad smile, that which
from the inside is called *I* would like
to look out the window: traces of old
rain on the glass, signs of new
in a cloud above the birches that flash by
along the track like yellow phlox.

fingertips drum on the pane.
so much life, so many colors, and yet we'll fall,
she and I, like leaves: altered (like a silent
conjugation), that which on this side
projects landscapes, distances, and for one
moment converges in a wish: good
travels, wherever they lead—

Pogoda

g. b.

coś pożerało nasze słoneczne godziny
morze turlało się w skalistym gnieździe wabiąc księżyc.
duch ślizgał się po jego skórze, puszczał lśniące oko.

po przejściu chmury nie byliśmy już sobą.
po przejściu chmury byliśmy znów sobą
po aktualizacji zmarszczek, map

godzin słonecznych i tych pochmurniejszych;
pamięć—pajęczyna—wskazywała drogę.
gdzie jesteś? tu jestem.

i wszystko od nowa:
coś pożerało nasze wieczorne godziny,
Arachne tkała sieć między pustkami,

duch podróżował od spacji do spacji
wywołując kształty: pod ogromnym niebem,
w kruchym domu lata, zbieraliśmy je

na prezent.

Weather

for G. B.

Something was consuming our sunshine hours.
The sea churned in its rocky nest, luring the moon—
a smooth spirit crossing its skin, winking a bright eye.

After the cloud passed we were no longer ourselves.
After the cloud passed we were again ourselves
once we'd updated the crow's feet, maps

of the sunshine hours and those that were steeped in gloom;
memory—a spider's silk—was showing us the way.
Where are you? I'm right here—

—once again from the beginning.
Something was consuming our evening hours,
Arachne was weaving a net between the empty spaces,

the spirit journeying from gap to gap
conjuring shapes: beneath a massive sky
in the flimsy home of summer, we gathered them

to make a gift.

Poezja natury

na powierzchni ziemi
poddawanej wodzie słońcu siłom
grawitacji i jelitom dżdżownic po
drodze z kamienia do
ciała i ciepłej
krwi na ziemi
oddychających
będzie nas bolało
po nowemu, ale nie
po równo
na powierzchni
ziemi, gdzie
nic nie nadużyło gościnności
drogi
będzie nas bolało, ale nie
po równo
gdzie
wydobywa się czas
aby go podzielić
pomiędzy niektórych
podczas kiedy przyszłość
całej żywej reszty
jak najpiękniej spłonie
w apetycie bez
granic
gdzie liczba oddechów
ludzkiego dziecka
wynosi od dwudziestu
do trzydziestu na
minutę na
fantomowej ziemi
na powierzchni skały czerwonej i
szarej inkrustowanej organizmami
porostów

Nature Poetry

on the surface of the earth
subject to water sun the forces
of gravity and the intestines of worms on
the path from rock to
flesh and warm
blood on the earth
of those that breathe
we will ache
anew, but not
equally
upon the surface
of the earth, where
nothing overstays the hospitality
of the path
we will ache, but not
equally
where
time is extracted
so as to divide it
among some
whereas the future
of all the living others
will burn most beautifully
in a boundless
appetite
where the number of breaths
of a human child
is twenty
to thirty a
minute on
the phantom earth
on the surface of an ancient red
crag encrusted with organisms
of lichens

w glebie, w której mieszają króliki
myszy skoczogonki
roztocza mrówki bakterie
aby to, co Konfucjusz
nazywał
"procesem"
trwało

aby przetrwało
koniec
który się wydarza
który się dzisiaj
wydarzy po
nowemu, ale nie
po równo
po prostu dlatego
że niektórzy
przestaną
oddychać

in the soil, that is mixed up by rabbits
mice springtails
mites ants bacteria
so that what Confucius
called
"the process"
should continue

so it should survive
the end
that happens
that today will
happen
anew, but not
equally
because quite simply
some
will cease
to breathe

Cold

pracą poetki jest pisać, mówi przyjaciółka
tak jak pracą piekarza jest pieczenie chleba
nawet kiedy spadają bomby, powinnaś pisać
może zwłaszcza wtedy, kiedy ludzie pogubieni
w lesie mówią *cold, she is so cold* o towarzyszce
drogi, która właśnie teraz u kresu podróży z kraju
gdzie zamiast deszczu spadają bomby do kraju
który znajduje się w Europie położyła się
na brązowych obrębionych mrozem liściach dębu

tak jak pracą kuriera jest dostarczyć pizzę
inżyniera pobudować mosty, ty powinnaś pisać
o mężczyźnie z lasu, który ma jeszcze działający
telefon więc ryzykuje i dzwoni po pomoc
dla kobiety, która nie chce już dalej iść tylko
zasypia na inkrustowanej diamentami ściółce
kiedy mężczyzna mówi do słuchawki *cold, she is
so cold* może właśnie przede wszystkim wtedy

Cold

a poet's job is to write, says my friend
just as a baker's job is baking bread
even when bombs are falling you ought to write
perhaps even especially when people lost
in the woods are saying *cold, she is so cold* of their traveling
companion who at this very moment at the end of her journey
from a land where bombs fall instead of rain
to a land that is located in Europe has lain down
on the brown oak leaves rimmed with frost

just as a delivery driver's job is to deliver pizza
and an engineer's to build bridges, you should write
about the man in the woods whose phone is still
working so he takes a risk and calls for help
for a woman who refuses to keep walking but instead
is falling asleep on the diamond-encrusted leaf litter
when the man says into the receiver *cold, she is
so cold,* perhaps above all at precisely such a time

ACKNOWLEDGMENTS

Some of these translations have appeared in *Poetry, Versopolis, ISLE,* and *Harvard Review Online.*

ABOUT *PSALMS*

In 2020 I interviewed poet Julia Fiedorczuk after she and I gave a bilingual reading of her work at Indiana University–Bloomington. We had read, among other things, from her 2017 book *Psalms*. During the interview I asked Fiedorczuk a simple question: where did her Psalms come from? I was expecting an answer that addressed her interest in the Hebrew Bible, her literary influences, her concerns as a mother raising a child in the confusing and disheartening global ecology of the twenty-first century. Instead, wordlessly she pointed to the two sides of her throat, then finally said: "They came from here." She had recently begun singing lessons, after a lifetime believing (mistakenly) that she could not sing; her teacher was a synagogue cantor, and the lessons made use of the biblical Hebrew Fiedorczuk was simultaneously learning. Loosely deriving from the biblical Book of Psalms, and its lovely rendering into Polish by Czesław Miłosz, Fiedorczuk's Psalms are above all songs—or words to songs, if you prefer. They spring from the throat—the body—just as much as from the brain.

Fiedorczuk speaks impeccable English—she's a professor of American literature and is steeped in the American poetic tradition at least as much as the Polish—and during the translation process I always send her early drafts of my translations for her feedback. During our work on *Psalms*, her comments focused much more on the cadence of the lines than their literal meaning. "It seems to me that the rhythm isn't quite right here," she would say; and she was usually right. Fiedorczuk's Psalms are an important reminder of the great truth about poems—that what matters is not only, or even mostly, what they are about but what they are. In *Psalms*, Fiedorczuk does indeed write about modern life; about motherhood; about humankind's troubled relationship with, or place in, the natural world. Yet her poems above all inhere in the musicality of her language. They show us the poet's discovery of—quite literally—a new voice. She sings to us; and, as always with the most beautiful and moving songs, word and melody are inextricable.

Bill Johnston

Julia Fiedorczuk is one of Poland's leading poets. She was awarded the 2018 Szymborska Prize, Poland's most prestigious poetry award, for *Psalmy* (*Psalms*), and has received many other honors, including the Hubert Burda Prize and the Polish Association of Book Publishers award for best debut. She has published six volumes of poetry, two novels, a collection of short stories, and three critical books. She is a professor of American studies at Warsaw University. Her work, both creative and academic, focuses on the relationship between humans and their more-than-human environments. Her poems have been translated into many languages, including Swedish, Spanish, Ukrainian, Serbian, and English. A collection of her poetry titled *Oxygen*, in Bill Johnston's translation, was published by Zephyr Books in 2017. Fiedorczuk has translated the poetry of numerous American poets, including Wallace Stevens, Laura Riding, and Forrest Gander.

Bill Johnston received the 2019 National Translation Award in Poetry for his rendering of Adam Mickiewicz's epic narrative poem in rhyming couplets, *Pan Tadeusz* (Archipelago Books, 2018). He has translated more than forty books from Polish and French, including work by Wiesław Myśliwski, Witold Gombrowicz, Stanisław Lem, Jean Giono, and Jeanne Benameur. His other awards include the Best Translated Book Award, the PEN Translation Prize, and fellowships from the National Endowment for the Arts, the National Endowment for the Humanities, and the Guggenheim Foundation. He teaches literary translation at Indiana University.

WISCONSIN POETRY SERIES

Sean Bishop and Jesse Lee Kercheval, series editors
Ronald Wallace, founding series editor

How the End First Showed (B) • D. M. Aderibigbe
New Jersey (B) • Betsy Andrews
Salt (B) • Renée Ashley
(At) Wrist (B) • Tacey M. Atsitty
Horizon Note (B) • Robin Behn
About Crows (FP) • Craig Blais
Mrs. Dumpty (FP) • Chana Bloch
Shopping, or The End of Time (FP) • Emily Bludworth de Barrios
The Declarable Future (4L) • Jennifer Boyden
The Mouths of Grazing Things (B) • Jennifer Boyden
Help Is on the Way (4L) • John Brehm
No Day at the Beach • John Brehm
Sea of Faith (B) • John Brehm
Reunion (FP) • Fleda Brown
Brief Landing on the Earth's Surface (B) • Juanita Brunk
Ejo: Poems, Rwanda, 1991–1994 (FP) • Derick Burleson
Grace Engine • Joshua Burton
The Roof of the Whale Poems (T) • Juan Calzadilla, translated by Katherine M. Hedeen and Olivia Lott
Jagged with Love (B) • Susanna Childress
Almost Nothing to Be Scared Of (4L) • David Clewell
The Low End of Higher Things • David Clewell
Now We're Getting Somewhere (FP) • David Clewell
Taken Somehow by Surprise (4L) • David Clewell
Thunderhead • Emily Rose Cole
Borrowed Dress (FP) • Cathy Colman
Dear Terror, Dear Splendor • Melissa Crowe
Places/Everyone (B) • Jim Daniels
Show and Tell • Jim Daniels

(B) = Winner of the Brittingham Prize in Poetry
(FP) = Winner of the Felix Pollak Prize in Poetry
(4L) = Winner of the Four Lakes Prize in Poetry
(T) = Winner of the Wisconsin Prize for Poetry in Translation

Darkroom (B) • Jazzy Danziger
And Her Soul Out of Nothing (B) • Olena Kalytiak Davis
Afterlife (FP) • Michael Dhyne
My Favorite Tyrants (B) • Joanne Diaz
Midwhistle • Dante Di Stefano
Talking to Strangers (B) • Patricia Dobler
Alien Miss • Carlina Duan
The Golden Coin (4L) • Alan Feldman
Immortality (4L) • Alan Feldman
A Sail to Great Island (FP) • Alan Feldman
Psalms • Julia Fiedorczuk, translated by Bill Johnston
The Word We Used for It (B) • Max Garland
A Field Guide to the Heavens (B) • Frank X. Gaspar
The Royal Baker's Daughter (FP) • Barbara Goldberg
Fractures (FP) • Carlos Andrés Gómez
Gloss • Rebecca Hazelton
Funny (FP) • Jennifer Michael Hecht
Queen in Blue • Ambalila Hemsell
The Legend of Light (FP) • Bob Hicok
Sweet Ruin (B) • Tony Hoagland
Partially Excited States (FP) • Charles Hood
Ripe (FP) • Roy Jacobstein
Last Seen (FP) • Jacqueline Jones LaMon
Perigee (B) • Diane Kerr
American Parables (B) • Daniel Khalastchi
Saving the Young Men of Vienna (B) • David Kirby
Conditions of the Wounded • Anna Leigh Knowles
Ganbatte (FP) • Sarah Kortemeier
Falling Brick Kills Local Man (FP) • Mark Kraushaar
The Lightning That Strikes the Neighbors' House (FP) • Nick Lantz
You, Beast (B) • Nick Lantz
The Explosive Expert's Wife • Shara Lessley
The Unbeliever (B) • Lisa Lewis
Radium Girl • Celeste Lipkes
Slow Joy (B) • Stephanie Marlis
Acts of Contortion (B) • Anna George Meek
Blood Aria • Christopher Nelson
Come Clean (FP) • Joshua Nguyen
Bardo (B) • Suzanne Paola